FEDERAL WRITERS' PROJECT

# THE SPANISH—AMERICAN
## *SONG AND GAME BOOK*

**AMS PRESS**
NEW YORK

# THE
# SPANISH—AMERICAN
# *Song and Game*
# *Book*

### ILLUSTRATED

COMPILED BY WORKERS OF THE WRITERS' PROGRAM, MUSIC
PROGRAM, AND ART PROGRAM OF THE WORK PROJECTS
ADMINISTRATION IN THE STATE OF NEW MEXICO

SPONSORED BY THE UNIVERSITY OF NEW MEXICO AND STATE
SUPERINTENDENT OF PUBLIC INSTRUCTION OF NEW MEXICO

A. S. BARNES AND COMPANY · NEW YORK

Publication Data

The Spanish-American song and game book.

At head of half-title: Federal Writers' Project.
The description of the games and the texts of the songs
are in Spanish and English.
1. Games with music. 2. Folk-songs, Spanish—New
Mexico. 3. Children's songs, Spanish. I. Music Program.
New Mexico. II. Art Program. New Mexico. III. Federal
Writers' Project. IV. Title.
M1993.W92S7    1976      796.1'3                    73-3642
ISBN 0-404-57941-8

From the edition of 1942, New York
First AMS edition published in 1976
Manufactured in the United States of America

AMS PRESS INC.
NEW YORK, N.Y.  10003

# Foreword

THIS BOOK is designed for use by children although directions are given in Spanish and English for parents, school teachers, and folk festival directors. The songs have been translated freely into English so they can be sung more easily; therefore, the English for the stanzas will be found to differ, in some instances, from the Spanish. Moreover, the Spanish stanzas are often grammatically incorrect, but because they are sung this way and are folk Spanish, they have been left as they were. It is hoped that both Spanish and English versions will be sung. These games have been sung and spoken in Spanish in New Mexico for generations and are still in use.

The New Mexico Music Project, under the supervision of Mrs. Helen Chandler Ryan, and the New Mexico Art Project, under the supervision of Mr. Russell Vernon Hunter, have collaborated with the New Mexico Writers' Project to produce this book. They have been assisted by Dr. Arthur L. Campa, Professor of Spanish-American Folklore of the University of New Mexico, and Sr. Edmundo Lassalle of the Division for Intellectual Cooperation of the Pan American Union, who gave generously of their time in checking the manuscript and establishing the authenticity of the games; also by Sr. Pedro A. Ortiz, who assisted with the music arrangement. Thanks are also due Aileen Nusbaum, who furnished the material for the Introduction.

In the table of contents credit is given to the one who collected the song or game, but special acknowledgment is due Mr. Aureliano Armendáriz, who collected most of the singing games and in addition made the original arrangements and most of the transcriptions; and to Mr. Lorin W. Brown, who, in addition to collecting many of the other games, translated most of them.

Division of the games and songs into age groups is necessarily an approximation, more important to adults than to children, who sing and play what they like whether it is below or beyond what is supposed to be their age level. In the villages of New Mexico, children of five who join older brothers and sisters are prompted by them in games that tax their vocabulary and mental resources, but that does not prevent their joining in the games for older groups; and conversely, when an older child joins a group of younger ones, the charm of the song or the excitement or interest of the game makes her participation as complete as any of the younger ones. The musical quality of many of the songs makes them interesting for adults, too, and it is not uncommon to find the elders singing the songs even though not participating in the games.

Piano accompaniments are provided for those who desire them, but because of the folk quality of the songs, groups are urged to sing them unaccompanied or with only the fiddle or guitar, which are used in New Mexico villages for accompaniments to singing.

*Charles Ethrige Minton*
STATE SUPERVISOR
**New Mexico Writers' Project**

# Contents

4 AND 2 ARE 6

## Part Two

### FOR THOSE FROM EIGHT TO TEN

### Part Three

### FOR THOSE ELEVEN AND OVER

# Music

GISELLA LOEFFLER

THE LINGUISTIC and literary sense of children is developed by the eye, ear, and movement appeal of folk songs and games. Association with objects and action teaches words and numbers. Lilt and jingle stimulate the imagination. Playing the parts of dramatic characters enhances participation. Music and pageantry add charm and color.

In addition to their recreational and educational value, these games furnish evidence of the persistence of Spanish culture in the various villages throughout New Mexico, surviving in spite of the strong elements of newer cultures in contact with it.

Old World origin has been claimed for the following games: Part One: *Naranja Dulce* (sweet orange), *Juan Pirulero* (John Pirulero), *La Gallina Clueca* (the clucking hen), also known as *La Meca Culeca,* and *El Florón* (the big flower); Part Two: *Puño Puñete* (the ant in the box), *Hilitos de Oro* (little threads of gold), and *Ambo Gato;* Part Three: *Las Iglesias* (churches) and *Meca Ceca* (here and there). *Hilitos de Oro* is a dramatization of an old Spanish ballad. *Iglesias* derives its name from the ancient practice of claiming sanctuary in shrines and churches. Today in New Mexico, the origin of the name *Meca Ceca* has been forgotten, but it may be traced to an old Spanish expression, *"De Ceca en Meca,"* meaning, "here and there," or "to and fro," from the custom of Arab pilgrims who traveled from Mecca to their next most venerated shrine, the Mosque of Ceca in

Córdova. The name is known to have been applied to a game played in Spain and brought to New Mexico by way of Mexico.

In the course of their diffusion and adaptation, these games have acquired modern traits and undergone local changes. As originally played in Mexico, *Pipis y Gallos* (cock fight), also known as *Pípiri gaña,* was a rough sport for men and older boys; today it is a harmless and amusing game for children. *Pitarrilla,* also of Mexican origin, is a great favorite among the sheep herders of New Mexico, who draw the game-chart in the earth near their campfires and use pebbles and beans for markers. It is known as New Mexico Checkers.

During the eighteenth and nineteenth centuries there were brief periods when the Navaho Indians and the colonists of northwestern New Mexico were at peace, and they doubtless played games together. *Cañute* (hollow reed) is a simplified version of the complicated, semi-ceremonial Navaho moccasin game, which was adapted by the colonists and played in the haciendas of the *ricos* (rich) and the huts of the poor.

An interesting Anglo-American survival is seen in *Sesta Mallesta* (button game), the text of which is not descriptive of the game but adds dramatic interest. This was a popular pastime among the men of northern New Mexico during the "button craze" era, which lasted from several years after the Civil War to about 1892. During this time, discarded army uniforms were sold to the civilian population. These garments had attractive buttons of various designs, which outlasted the cloth. The buttons were in great demand and were used as stakes in a number of games. As the supply of Civil War buttons was exhausted, the game became obsolete among adults, but it continued to be popular among children.

For several of the Spanish games English parallels are easily recognizable. Thus *El Huevito* (the little egg) resembles This Little Pig Went to Market; *La Rueda de San Miguel* (Saint Michael's wheel), Ring-Around-a-Rosie; *El Señor Martinejo* (Mr. Martin), Drop the Handkerchief; *Víbora de la Mar* (sea serpent), London Bridge; *Gallinita Ciega* (little blind hen), Blind Man's Buff; and *Los Colores* (the colors), Tag. This relationship probably goes back to Old World parallels, although Anglo-American pioneers brought their games with them to New Mexico.

Contrary to the prevailing notion that Indian and Negro music constitute our only folk song heritage, Spanish folk music has a longer history in the United States than that of any other group save the Indian. Fortunately, the old games and songs, while displaced in some of the communities where

xiv

newer interests and pastimes have tended to crowd out the old, are still in use; and a debt of gratitude is owed those who have helped to preserve this game-song heritage for the children of future generations and stimulated a new interest in those settlements where they were being neglected.

There has always existed a close bond between New Mexico and Mexico, and it is hoped that this book will make new friends throughout the Americas, North and South. As we say in New Mexico, *"Que rueda la bola, amigos, y la amistad en su lugar,"* which means, "Let the game go on, friends, with friendship ever in its place."

# PRIMERA PARTE

Para Niños de Cinco a Siete Años

~~~

# PART ONE

For Those from Five to Seven

# Naranja Dulce

Naranja dulce, limón par-ti-do, Da me un a-brazo que yo te pi-do, si fue-ran fal-sos mis-ju-ra-men-tos, en o-tros
di-ta me-xi-ca-ni-ta, que me man-ten-go en el por-tal,— Ha-cien-do ja-rras, y ca-ra-co-les y torti

tiem-pos, se han de ol-vi-dar. Soy una in-mal. To-ca la mar-cha, mi pe-cho llo-ra, a-diós se-ño ra, ya yo me voy.
lli-tas de nix-ta-dar.

Naranja Dulce, limón partido,
Dame un abrazo por Dios te pido
Si fueran falsos mis juramentos,
En otros tiempos se han de olvidar.
Toca la marcha, mi pecho llora.
Adiós Señora, ya yo me voy.

**DIRECCIONES:** Cuatro o más niños pueden jugar este juego. Para principiar, se elige uno de los niños y se le para en el centro del círculo formado por los otros niños cogidos de la mano. Mientras cantan Naranja Dulce en derredor, el que está en el centro, al oír las palabras: "Dame un abrazo," escoge uno de los niños, lo mete en el centro junto con él y le da un abrazo.

En seguida éstos dos simulan o hacen las señas como si tocaran un violín, una guitarra o cualquier otro instrumento que se les ocurra.

Al cantarse las últimas palabras, o en donde dice "Adiós Señora, ya yo me voy," los dos niños en el centro se dan la mano y se despiden, el primero juntándose con los demás en el círculo. El segundo se queda en el círculo y el juego continúa como al principio.

# *Sweet Orange*

An orange sweet and a lemon sour,
Give me a hug, Dear, beneath this bower;
If I should fail, Dear, to keep my promise,
You would forget as once long ago.
I hear the music and feel like crying,
Good-by, my lady, for I must go.

The game is played by four or more. The one who is "it" stands in the center of a circle of children who hold hands and circle as they sing. At the words, "Give me a hug," the one who is "it" chooses one from the circle and draws him or her into the center and does as told. The two children in the center then go through the motions of playing the violin, the guitar, or any other musical instrument. At the words, "Good-by, my lady," these two shake hands. The one who was hugged is now "it" and remains in the center of the circle, while the one who was "it" returns to the circle and joins hands with the other children. This keeps up as long as the group wishes to play the game.

3

# El Huevito

Éste se halló un huevito,
Éste lo puso a freír,
Éste lo meneó
Éste le echó sal,
Éste cuzco * gordo se lo comió.

DIRECCIONES: Los niños que toman parte en este juego se sientan al rededor de una mesa chica con las manos extendidas palma abajo, sobre ella.

Uno de los niños comienza el juego apuntando con una varita al dedo pequeño (meñique) de una de las manos extendidas sobre la mesa y dice, "Éste se halló un huevito." Luego apunta al dedo anular y dice, "Éste lo puso a freír." En seguida apunta al dedo del medio (cordial) y dice, "Éste lo meneó." Luego apuntando al dedo índice dice, "Éste le echó sal." Al fin, apuntando al dedo pulgar dice en voz alta, "Éste cuzco gordo se lo comió," y al al mismo tiempo trata de darle al dedo un azote con su varita. Si logra hacerlo antes de que el niño retire la mano, éste se sale del juego.

El juego sigue de esta manera hasta que todos los niños han salido. La vara se entrega al niño que ha permanecido hasta el fin sin haber recibido azote.

* Glutton.

4

# The Little Egg

This one found a little egg,
This one cooked it,
This one turned it,
This one salted it,
And this hungry, fat one ate it.

Everyone who wishes to play sits around a table, and each places his hands upon it with palms down and fingers spread. When the leader is chosen, he holds a small switch, and pointing to someone's little finger says, "This one found a little egg." He then points to the next finger and says, "This one cooked it." Pointing to the middle finger, he says, "This one turned it," and pointing to the next finger, "This one salted it." He then points to a thumb and sings out, "And this hungry, fat one ate it." When he says that, he tries to touch the thumb with the switch. If he touches it, the one whose thumb is struck takes his hands off the table until the game is over. The game goes on until only one has his hands on the table. This one then exchanges places with the leader and the game begins all over again.

5

# La Rueda De San Miguel

Rueda, rueda de San Miguel, San Miguel
Todos traen camote y miel—
A lo maduro, a lo maduro
Que se voltee ——— de burro
(nombre)

DIRECCIONES: No se limita el número de niños que pueden jugar este juego divertido e interesante. Uno de los niños se coloca en el centro de un círculo formado por los demás. Éstos, cogidos de la mano lo rodean al mismo tiempo cantando los primeros tres versos de la canción. Al cantarse las palabras "A lo maduro" el niño que está en el centro canta la última línea llamando por nombre a uno de los del circulo. Este niño vuelve la espalda al centro y así sigue dando vueltas con las demás.

La canción se repite hasta que todos los niños están de espaldas. Siguen dando vueltas acelerando el paso hasta que el círculo se deshace por su misma velocidad terminando el juego.

# Saint Michael's Wheel

GISELLA LOEFFLER

Round and round with San Miguel,
Bringing honey sweet to sell;
Get to your place. . . . Get to your place. . . .
—————, you donkey, turn your face.
   (name)

Any number may play this game. All but one join hands and make a circle. One stands in the center while the others walk round and round singing the first two lines of the song. After the words, "Get to your place," the one in the center sings the last line and names somebody. The one named must turn about, facing outward, and after joining hands again, circle with the others.

This keeps on until all face outward, then they go faster and faster until the ring is broken and the game ends.

7

# La Gallina Clueca
## (La Meca Clueca)

Pin, pin, Jarabín
La Meca Clueca
Pasó por aquí
Convidando a sus amos,
Y menos a mí.
Cuchara, salero
Esconde tu dedo

DIRECCIONES: Éste es un juego magnífico para divertir a los niños en una tarde de lluvia cuando no pueden salir a jugar. Dos o más niños pueden jugarlo. Se le da a uno el nombre de La Gallina Clueca y luego recita la copla de arriba.

Todos los niños así como La Gallina Clueca, se sientan al rededor de una mesa con las manos extendidas palma abajo sobre ella. La Gallina Clueca pone solamente la mano izquierda, y con la mano derecha apunta a todos los dedos, uno por uno, comenzando con el dedo pulgar de su propia mano. Mientras apunta va recitando la copla de la Gallina Clueca. Al terminar el verso con la palabra "dedo" debe el niño doblar el dedo correspondiente. La Gallina Clueca sigue repitiendo la copla y apuntando de dedo en dedo. El niño que primero logre esconder todos los dedos será La Gallina Clueca al comenzar de nuevo.

8

# The Clucking Hen

The Clucking Hen passed by,
Inviting her children
But not me.
Spoons . . . saltcellars . . .
Hide your finger!

This is a good game to play indoors. Two or more can play. One is chosen for the Clucking Hen. The others sit around a small table and place their hands, palms down and fingers spread, on the top of it. The one who is the Clucking Hen places only his left hand on the table. With the first finger of his right hand he touches all the fingers on the table, starting with the thumb of his own left hand, as he recites the verse. One word is said over each finger, and when the word "finger" is said over a finger, it is hidden or bent under the palm of the hand.

This keeps up until all the fingers have been hidden. The one who has hidden all his fingers first is "out" and is leader in the next game.

9

# María Blanca

María Blanca está encerrada
En pilares de oro y plata;
Abriremos un pilar
Para ver a María Blanca.

DIRECCIONES: Un sinnúmero de niños puede jugar este juego. Todos, menos dos de ellos, forman un círculo, cogidos de la mano. Uno de los dos será María Blanca y se queda dentro del círculo, el otro se queda afuera.

Los niños del círculo cantan las primeras dos líneas de la copla. El niño de afuera canta las últimas dos líneas mientras él o ella trata de cortar el círculo de niños para entrar. Si logra hacerlo, María Blanca sale y huye.

Mientras el niño o la niña que ha roto el círculo, sale en pos de María Blanca tratando de prenderla, los niños del círculo alzan las manos en alto para dejar entrar a María Blanca en el círculo otra vez. Si ella logra entrar a salvo sin ser presa, el juego sigue adelante, pero si al contrario ella fuese presa tiene que tomar el puesto afuera del círculo, uniéndose el que la prendió con los del círculo y luego se escoge otra María Blanca.

# Lovely Mary

Undine L. Gutierrez

Lovely Mary is encircled
In a cell where she must tarry,
Let us break her silver prison
And set free our lovely Mary.

Several play this game. All but two form a circle, holding hands. The girl who is chosen to be Mary stays inside the circle and the other one outside.

Those in the circle sing the first two lines of the verse. The one outside sings the last two lines as he tries to break the circle by loosening the hands of those in the circle. If he breaks the circle, Lovely Mary runs out and he runs after her, trying to catch her. Those in the circle hold their hands high in the air so Lovely Mary can get back in. If she gets in without being caught the game goes on just as before; but if she is caught she becomes the one outside the circle. The one who caught her joins hands with those in the circle, and a new Lovely Mary is chosen.

# El Señor Martinejo

DIRECCIONES: Todos los niños menos uno se sientan en un círculo a pierna cruzada y con la cabeza en las manos. El guía, el Señor Martinejo, da vuelta al círculo de niños con un pañuelo en la mano y canta la copla siguiente:

"Zun, zun de la calavera
Al que se duerma
Le doy una perla."

Corriendo y cantando el Señor Martinejo sigue dando vueltas y deja caer el pañuelo cautelosamente detrás de uno de los niños. Si a la vuelta todavía está allí el pañuelo, el Señor Martinejo lo levanta y le da un azote al niño descuidado. Éste se levanta en seguida y corre tras del Señor Martinejo.

| | |
|---|---|
| El Niño: | Señor Martinejo. |
| El Sr. Martinejo: | Señor Viejo. |
| El Niño: | ¿Dónde está el pan que te dí? |
| El Sr. Martinejo: | Me lo comí. |
| El Niño: | ¿Y si más te diera? |
| El Sr. Martinejo: | Más Comiera. |
| El Niño: | ¿Y el huevito? |
| El Sr. Martinejo: | En el hoyito. |
| El Niño: | ¿Y la sal? |
| El Sr. Martinejo: | En su santísimo lugar. Ahora da vuelta a la rueda y siéntate en tu lugar. |

El niño vuelve a su lugar en el círculo y continúa el juego. Mas si el niño descubre el pañuelo cuando el Señor Martinejo lo deja caer detrás de él, se ha de levantar y correr tras del Señor Martinejo siguiendo la misma conversación solo que el niño es el Señor Martinejo, y el que era el Señor Martinejo antes tendrá que volver al lugar que ha dejado vacante el niño.

# Mr. Martin

Any number can play this game, which is like "Drop the Handkerchief." First choose a leader. All the others sit cross-legged in a circle on the floor with bowed heads in their hands. The leader, Mr. Martin, holds a handkerchief while he walks slowly around the outside of the circle, saying,

> "Zoom, zoom of the drum!
> Whoever sleeps
> Gets a pearl."

He walks faster and faster until he is running, then he drops the handkerchief behind one of the group and keeps on running. If when he gets around again, he finds the handkerchief still in its place he picks it up and strikes the sleeping one with it. When this happens, the one who was struck jumps up and runs after Mr. Martin, and while he is running, calls out:

"Mr. Martin."

Mr. Martin answers, "Mr. Old Man."

Then they say these words:

| | |
|---|---|
| Mr. Old Man: | Where is the bread I gave you? |
| Mr. Martin: | I ate it. |
| Mr. Old Man: | And if I should give you more? |
| Mr. Martin: | I'd have more to eat. |
| Mr. Old Man: | And the egg? |
| Mr. Martin: | It is in the nest. |
| Mr. Old Man: | And the salt? |
| Mr. Martin: | It is in *its* proper place. Now run around the circle and sit in *your* proper place. |

The one who was struck with the handkerchief sits down again and Mr. Martin does the same as before; but if the one who has the handkerchief dropped behind him should find it before Mr. Martin comes around to him again, then he is Mr. Martin, and they say the same words, except that the one who was Mr. Martin is now Mr. Old Man.

# Juan Pirulero
# (Juan Molinero)

Este es el juego de Juan Piru-le-ro    Que ca-da quien a-tien-da a su jue-go.

Éste es el juego de Juan Pirulero
Que cada quien atienda a su juego.
Éste es el juego de Juan Pirulero
Que cada quien atienda a su juego.

DIRECCIONES: Cualquier numero de niños puede participar en este juego. Primero se escoge a Juan Pirulero quien, puesto de pie en la rueda que han formado los demás, asigna a cada uno la imitación de algún instru mento como guitarra, violín, etc.

Mientras tanto, Juan Pirulero toca un instrumento distinto pero re-pentinamente troca el suyo por uno que algún niño "toca." Éste tendrá que tomar el de Juan. De no hacerlo, por no estar alerta, dará alguna prenda la cual redimirá cuando dejen de tocar. Juan nombrará la pena, algo como ladrar como perro o pararse de manos, etc.

14

# *John Pirulero*
# *(John the Miller)*

This is the game of one named John the Miller,
Let all the players attend to their game.
This is the game of one named John the Miller,
Let all the players attend to their game.

Any number of children can play this game. First choose a leader, who is called John the Miller. He stands in the center of a circle formed by the others who sit cross-legged on the floor. John the Miller sings the song and while singing imitates the turning of a mill stone. He then gives each of the others something to do, such as sawing wood, kneading dough, playing the fiddle, washing clothes, and so on, and they pretend that they are doing them. John the Miller now and then changes from his grinding to sawing wood or some other task, and when he does, the one who is sawing wood must begin grinding the corn just as John the Miller was doing. If he is caught napping and does not change to John the Miller's task of grinding, John the Miller tells him to howl like a dog, hop on one foot, or do something like that. The game goes on as long as everybody wants to play.

15

# El Flor´n

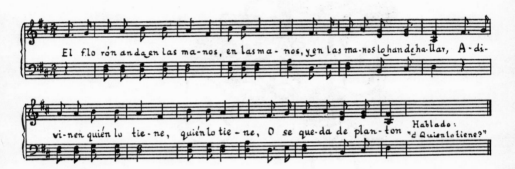

El floron anda en las manos, en las ma-nos, y en las ma-nos lo han de ha-llar, A-di-
vi-nen quién lo tie-ne, quién lo tie-ne, O se que-da de plan-tón

Hablado:
"¿Quién lo tiene?"

El florón anda en las manos, en las manos,
Y en las manos lo han de hallar,
Adivinen quien lo tiene, quien lo tiene
O se queda de plantón.

**DIRECCIONES:** En este juego todos menos dos de los niños están sentados en línea con las manos por detrás. Uno de los dos que está de pie esconde una flor o un botón en la mano de uno de los niños mientras ellos cantan la canción "El Florón."

Cuando cesan de cantar, el otro que está de pie delante de la línea trata de adivinar cual de las manos extendidas encierra la flor o el botón. Si lo adivina, trueca su lugar con el niño que tenía la flor escondida. Pero si no adivina tiene que seguir hasta atinar.

16

# The Big Flower

In our hands a flower is hiding,
And it can be found some way;
You must guess the one who has it
Or you'll be the goose all day. . . .

Any number can play this guessing game. Choose the one who is to be "it" and then choose another to place the flower in the hands of all the others. All but these two sit in a straight row with their hands behind them. The one who is "it" sits in front of the row, and as the children in the row sing, the other one puts the "flower," which is a pebble or something small that can be hidden, into one of the open hands. When the singing stops, the child who is "it" begins to guess. If he guesses correctly, he exchanges places with the one who has the "flower." If he does not, the game keeps on until he guesses correctly.

17

# Víbora De La Mar

Víbora, víbora de la mar
Por aquí pueden pasar
Por aquí yo pasaré
Y una niña dejaré.

Una niña, ¿ cual será?
¿ La de adelante o la de atrás?
La de adelante corre mucho.
Y la de atrás se quedará.

**DIRECCIONES:** Los dos niños más altos del grupo se toman de las manos y las alzan en forma de arco. Los demás se forman en línea y pasan cantando por debajo del arco. Al cantarse las últimas palabras de la canción, los que forman el arco bajan las manos sobre el niño que va pasando debajo del arco. El niño que ha sido cogido tiene que adivinar cuál de dos cosas ha sido escogida de antemano por los dos niños formando el arco. Si adivina, puede volver a la línea y el juego sigue adelante, pero si no, él o ella será multado y tiene que saltar en un pié inclinando la cabeza a cada uno de los demás niños u otra multa semejante.

18

# The Sea Serpent

Sea serpent, sea serpent from the sea,
You must follow, follow me;
Under this archway we now must glide,
And we'll leave a girl inside.

One little girl,—Oh, who can she be?
One ahead or back of me?
That one ahead,—how she runs away,
So the last one has to stay.

The two tallest ones in the group are chosen to be the arch of the bridge. They decide, without letting the others hear them, what they will ask them to choose—blue or red, bread or cake, or anything they please. Then they join hands and raise them to make an arch, and the others form a line and pass under, singing as they go. At the last words of the song the two who form the arch capture the one who happens to be passing under it. The one who is caught is asked, "Which would you rather have, something red or something blue?" If the ones forming the arch have agreed that red is the right answer, and if the one who is caught says, "Red," he returns to the line and the game continues. If his guess is wrong, he is told to hop on one foot, and nod to each one in the line, or something like that. Then the game begins again until another one is caught.

19

GISELA LOEFFLER

# SEGUNDA PARTE

Para Niños de Ocho a Diez Años de Edad

# PART TWO

For those from eight to ten

# Arre, Mi Burrito

Arre, mi burrito que vamos a Belén
Que mañana es fiesta y el otro también
Arre, arre, arre, lléveme usted al trote,
Arre, arre, arre, lléveme al galope
De prisa, de prisa.


DIRECCIONES: Los niños se forman en línea fingiendo ir montados en burro mientras cantan la copla. Acabándose la canción se separan el uno del otro, con las manos puestas sobre los muslos arriba de la rodilla, y con la cabeza agachada imitando a los burritos.

El niño al pie de la línea corre y brinca sobre los demás, de uno en uno, hasta llegar a la cabeza de la línea donde se agacha como los otros. Luego el niño que queda al pie de la línea hace lo mismo, y así de uno en uno hasta que todos por su turno hayan brincado sobre los demás.

22

# *Giddy-Up, My Little Burro*

Undine L. Gutierrez

Giddy-up, my burro, we're going to Belén
Fiesta is tomorrow, and one next day again.
Hurry, hurry, hurry. . . .
Let us go a-pacing,
Hurry, hurry, hurry. . . .
Let us go a-racing.
O hurry. . . . O hurry. . . .

A burro is a little donkey and a little burro is still smaller. Many children can play this game. All form a line, one behind the other, and go through the motions of riding a burro as they sing. When the song is ended they all stand facing the same way, some distance apart, placing their hands on their thighs and keeping their heads bowed like a burro. The one last in line runs and jumps each one ahead of him. When he has jumped over the one who is at the head of the line, he becomes the head of the line and the one who is last jumps over the others until everyone has had a turn.

This game is like Leap Frog.

23

# La Gallinita Ciega

DIRECCIONES: Este juego lo puede jugar un sinnúmero de niños. Uno de ellos es designado La Gallinita Ciega, y con los ojos vendados toma su lugar en el medio de un círculo formado por los demás niños. La Gallinita Ciega se pone a andar a tientas, imitando a una gallina que busca algo que comer.

Los niños dan vueltas alrededor de La Gallinita Ciega mientras recitan el siguiente diálogo:

| | |
|---|---|
| Los Niños: | ¿Gallinita Ciega que andas buscando? |
| La Gallinita: | Ando buscando unos cunquitos. |
| Los Niños: | ¿Para quíen? |
| La Gallinita: | Para mis pollitos. |
| Los Niños: | ¿Y nos darás uno? |
| La Gallinita: | No. |
| Los Niños: | Pues piérdete. |

Diciendo las palabras "Pues piérdete" los niños salen huyendo y la Gallinita Ciega en pos de ellos. El niño a quien ella logre tomar preso tiene que ser la Gallinita Ciega a su vez, y el juego sigue adelante.

24

# The Little Blind Hen

This game can be played by any number of children. One is chosen to be or take the part of the Little Blind Hen. She takes her place in the center of a circle formed by the other children. She is blindfolded and gropes about as if blind, imitating a hen scratching for food.

The children, as they circle around her, call out, "Little Blind Hen, what are you doing?"

| | |
|---|---|
| The Little Blind Hen: | I am looking for some grains of corn. |
| The Children: | What are they for? |
| The Little Blind Hen: | They are for my little chicks. |
| The Children: | Pray give us one grain. |
| The Little Blind Hen: | No! |
| The Children: | May you lose them, then! |

At the word "then" the children scatter and are chased by the Little Blind Hen. The child caught becomes "it," or the Little Blind Hen, and the game continues.

25

# El Coyotito

Pepenando piñoncito
Para el pobre coyotito.
Pepenando piñoncito
Para el pobre coyotito.

DIRECCIONES: Este juego es más alegre cuantos más niños tomen parte. De los niños más grandes se escoge uno para ser el Coyotito y el otro para ser la Madre o "Nana." El Coyotito se arrodilla en el medio y los demás se meten en línea detrás de la Madre, el más chico primero, y los demás según su tamaño de menor a mayor.

La Madre y los niños dan vuelta en derredor del Coyotito picándole la cabeza con los dedos mientras cantan el verso rodeando al Coyotito tres o cuatro veces.

La Madre le hace una pregunta al Coyotito algo como: "¿Mira esa lumbre que se ve en la punta de aquella loma?" o alguna observación semejante con el fin de distraerle la atención. Cuando el Coyotito fija la atención en la dirección indicada por la Madre, ésta amonesta a los niños que se cuiden.

En seguida el Coyotito se pone de pie y trata de coger al niño al pie de la línea. Los niños deben prenderse firmemente uno del otro hechos cadena junto con la Madre. La Madre y los niños tratan de huirle al Coyotito, la Madre quitándoselo con las manos mientras los niños huyen de un lado al otro coleando como un látigo. Al fin el Coyotito logra prender al niño al pie de la línea y sigue con los demás hasta haberlos agarrado a todos. Entonces la Madre sale huyendo con el Coyotito tras de ella. Al coger a la Madre, termina el juego.

# The Little Coyote

Picking little piñon nuts
For the poor little coyote.
Picking little piñon nuts
For the poor little coyote.

Any number can play this game. First choose one for the Mother, and another for the Little Coyote. Then draw a circle on the ground or on the floor for the coyote's den. Two of the tallest are chosen for the Mother and the Little Coyote.

The Little Coyote kneels on one knee facing the others, who form a row according to size behind the Mother, each placing his hands on the waist of the one in front. The smallest player is behind the Mother and the tallest at the end.

The game begins with the Mother and her children circling around close to the Little Coyote, thumping lightly the top of his head in imitation of picking nuts from the trees and saying the verse repeatedly. Then the Mother suddenly stops and pointing, says to the Little Coyote: "Look at the fire burning on the hill," or something like that to make him look away. When he turns to look, the Mother calls out, "Turn, my children," and they turn to circle in the opposite direction.

The Little Coyote then stands up and tries to catch the child at the end of the line.

The Mother tries to drive him back while the children swish from side to side in an effort to keep out of the way, until finally the coyote catches him, places him in the den, then goes back to try to capture the next one.

The game goes on until all except the Mother have been caught and put in the den. Then the Mother runs as fast as she can until the Little Coyote captures her too, ending the game.

27

# La Tabla

Yo te-nía_una_mu-ñe-qui-ta de ves-ti-do_a-zul Con su ve-lo
Dos y dos son cua-tro, cua-tro_y dos son seis; Seis y dos son

blan-co_y su som-bre-ro_es-tul La sa-qué_a pa-sear y se me
o-cho_y o-cho diez y seis. Brin-ca-la mu-cha-cha que ya

cons-ti-pó, La lle-vé_a la ca-sa_y la ni-ña mu-rió.
la brin-qué. Brin-ca-la mu-cha-cha que yo ya pa-só.

**DIRECCIONES:** Un gran número de niños puede jugar este juego. El Guía se coloca delante de los demás niños en línea. Los niños cantan el primer verso de la canción. El Guía comienza cantando el segundo verso: "Dos y dos son..." y apuntando a uno de los niños, el niño responde: "Cuatro."

| | |
|---|---|
| El Guía: | ¿Cuatro y dos son?... |
| El Niño: | Seis. |
| El Guía: | ¿Seis y dos son?... |
| El Niño: | Ocho. |
| El Guía: (cantando) | Brinca la tablita que ya la brinqué |
| | Bríncala muchacha que yo ya pasé |
| | Ocho y ocho son?... |
| El Niño: | Diez y seis. |

Si cualquiera comete un error al dar la respuesta él o ella tiene que salirse de la línea y colocarse detrás del Guía. Las cuentas propuestas por el Guía en el último verso siguen hasta que haya fallado el último niño en dar la respuesta correcta. El niño que permanece hasta el fin será el Guía y sigue el juego adelante.

28

# The Table

Once I had a little doll all dressed in blue,
With a veil as white as snow and hat all new;
We went out a-walking and she moaned and cried,
I took her right home, but the poor baby died.

Two and two are four and four and two make six,
Six and two make eight and eight more you can mix;
Say your little table from the first to last,
Learn them well, *muchacha,* for you know I've passed.

Several can play this game. Choose a leader who stands in front of the others who form a line. All but the leader sing the first verse. The leader begins the second verse: "Two and two are . . . ," and pointing to one of the others, waits for him to answer. If he says, "Four," which is right, the leader points to the next one and sings,

|  |  |
|---|---|
|  | Four and two are . . . |
| Answer: | Six. |
| The Leader: | Six and two are . . . |
| Answer: | Eight. |
| The Leader sings: | And eight more you can mix. |
|  | Say your little table from the first to last |
|  | Learn them well, *muchacha,* for you know I've passed. |
| The Leader: | Three and three are . . . |
| Answer: | Six. |
| The Leader: | And three more . . . |
| Answer: | Are nine. |

If any one gives the wrong answer, he must leave the line and take a place behind the leader. The numbers of the last verse may be changed again and again. The last one in the line becomes the leader in the next game.

29

# El Tamborilero

Los participantes en este juego se sientan hechos rueda. El guía, llamado Tamborilero, les dice a los demás lo que tienen que hacer, ya sea; moler maíz, hacer tortillas, lavar ropa, etc., simulando la obra también el guía. Al cambiar el Tamborilero de una acción a otra, los demás deben cambiar al mismo tiempo. Sí no lo hacen, el Tamborilero sentenciará al que haya faltado imponiéndole alguna tarea ridícula o embarazosa.

30

# *The Drummer*

The players sit in a circle. The leader, who is called the Tamborilero (drummer), tells each of the rest what to do, such as grinding corn, making tortillas, washing clothes, etc., and she does it too. When the Tamborilero changes from what she is doing to something else, the others must likewise change. If they fail, the Tamborilero gives them a sentence (*sentencia*), telling them to do something funny or silly.

31

# Los Colores

DIRECCIONES: Cuatro o más niños toman parte en este juego. Un niño se escoge para ser la Vieja Inés y el otro para ser la Madre. Los demás son los Colores, o la familia de la Madre.

Los Colores se colocan detrás de la Madre, en línea, y ella les pone nombres de colores; colorado, amarillo, verde, azul, etc. La Vieja Inés se acerca, y parándose enfrente de la Madre, pretende tocar la puerta.

| | |
|---|---|
| La Vieja Inés: | Tan, tan. |
| La Madre: | ¿Quién es? |
| La Vieja Inés: | La Vieja Inés. |
| La Madre: | ¿Qué quieres? |
| La Vieja Inés: | Quiero colores. |
| La Madre: | ¿Qué color quieres? |
| La Vieja Inés: | Quiero verde. (O cualquier otro color.) |

El niño a quien se le ha puesto el color escogido por la Vieja Inés sale huyendo. La Vieja Inés trata de alcanzarlo. Si el niño llega a la casa (un lugar designado de antemano) primero que la Vieja Inés, se le da el nombre de otro color y puede volver a la línea a ser escogido de nuevo.

El juego sigue hasta que todos los Colores han sido escogidos, y tomados presos por la Vieja Inés. Despúes de esto la Vieja Inés tiene que tomar presa a la Madre y así se concluye el juego.

32

# The Colors

Red blue Yellow Green violet orange

Undine L. Gutierrez

This game can be played by four or more. Draw a large circle for home base on the ground or the floor and choose one from the group to be Saint Inez and another to be the Mother or Rainbow. The others are the colors and belong to the Mother. The Mother takes her place opposite Saint Inez. The Mother gives each one the name of a color (red, yellow, blue, green, and so on) and each takes his place behind her.

Saint Inez comes up to the Mother and pretends to knock on a door, saying, "Knock! Knock!"

| | |
|---|---|
| The Mother: | Who is it? |
| Saint Inez: | Saint Inez. |
| The Mother: | What do you want? |
| Saint Inez: | I want a color. |
| The Mother: | What color do you want? |
| Saint Inez: | Green (or any other color). |

The one whose color is green runs away. Saint Inez runs after him and tries to catch him. If he reaches home base before being caught, he is given the name of another color and may be chosen by Saint Inez again.

The game goes on until all the colors have been chosen and caught by Saint Inez. She then chases the Mother of the colors and when she is caught, the game ends.

33

# El Coyotito y La Zorra

DIRECCIONES: Hay dos jefes en este animado y divertido juego en el cual pueden tomar parte un gran número de niños. El primer jefe se llama el Coyotito, y el otro la Zorra. El Coyotito se queda solo mientras los demás niños se hacen cadena detrás de la Zorra firmemente prendidos con las manos alrededor de la cintura. La Zorra y su cadena de niños empiezan a rodear al Coyotito.

| | |
|---|---|
| El Coyotito: | San Miguel, dame un borreguito. |
| La Zorra: | ¿Dónde está el que te dí? |
| El Coyotito: | Aquí lo tengo bajo la muela. |
| La Zorra: | Pues mira para el cielo mientras da vuelta la Zorra. |
| | (Aquí el Coyotito mira hacia el cielo.) |
| Los Niños: | Toma patitas para que hagas pozole. |

Al oir esto el Coyotito trata de agarrar al niño al pie de la fila mientras los niños huyen de él torciéndose y ladeándose. Cuando el Coyotito ha cogido a todos los niños se lanzan en pos de la Zorra. Si logra cogerla, los dos se reemplazan y el juego sigue adelante.

34

# The Little Coyote and The Fox

Any number can play this game. Choose two leaders, the Coyote and the Fox. The Coyote stands alone, while the others form a chain behind the Fox, each clasping both hands around the waist of the one in front of him. The Fox and the chain then circle the Coyote.

| | |
|---|---|
| The Coyote: | Saint Michael, give me a little lamb. |
| The Fox: | Where is the last one I gave you? |
| The Coyote: | Oh, I ate it up. |
| The Fox: | Then look at the sky awhile. |
| | (The Coyote looks up at the sky.) |
| The Others: | If you are so hungry, try to catch some little fat feet to put in your soup. |

When they say this the Coyote tries to catch the last one in the chain, which circles and twists to keep out of his reach. After the Coyote catches all the children, he chases the Fox. If he catches him, they trade places and the game goes on as before.

35

# Ambo Gato

Ambo gato matarili rili ron
¿ Qué quiere usted, matarili rili ron?
Quiero un paje, matarili rili ron
¿ Qué paje quiere, matarili rili ron?
Quiero (nombre de niña), matarili rili ron
¿ Qué nombre le pondremos, matarili rili ron?
Le pondremos Rosa de Laurel, matarili rili ron
Aquí está mi hija, con dolor de corazón.
Celebremos, celebremos todos juntos en la unión.

DIRECCIONES: En este juego dos guías se escogen, uno es el Ambo Gato (sus hijas son los pajes), y el otro es el mensajero de la Corte Real. Los demás niños, los hijos de Ambo Gato, se toman de la mano y se paran en línea, detrás de la madre. El mensajero se acerca y el diálogo que sigue se canta:

El Mensajero:   Ambo Gato, matarili rili ron.
Ambo Gato:   ¿ Qué quiere usted, matarili rili ron?
El Mensajero:   Quiero un paje, matarili rili ron.
Ambo Gato:   ¿ Qué paje quiere, matarili rili ron?
El Mensajero:   Quiero a (nombre de niña), matarili rili ron.
Ambo Gato:   ¿ Qué nombre le pondremos, matarili rili ron?
El Mensajero:   Le pondremos (nombre de flor), matarili rili ron.
Ambo Gato:   Aquí está mi hija, con dolor de corazón.

El niño o niña escogida sale de la línea y se para junto al mensajero. Luego tomándose de las manos forman un círculo y bailan mientras canta: "Celebremos, celebremos, todos juntos en la unión."

Cuando la última hija ha sido entregada al mensajero se acaba el juego.

# *Ambo Gato*

Undine L. Gutierrez

Ambo Gato, matarili rili ron  (ma-ta-ree-lee ree-lee-roan)
What do you wish, sir? matarili rili ron
I want a page, please, matarili rili ron
Which do you wish, sir? matarili rili ron
I want ————— (name) matarili rili ron
What shall we name her? matarili rili ron
Let's name her —————, matarili rili ron
Here is my daughter, I hate to give her,
Let us make merry, matarili rili ron
Now all together, matarili rili ron.

In this game, which can be played by a large group, two leaders are chosen. One is Ambo Gato, whose daughters are the pages; the other is the messenger from the court. Those who are Ambo Gato's daughters join hands and stand in a row behind one chosen to be their mother. The messenger comes up to the mother and daughters and sings the first line. Ambo Gato sings the second line, then the messenger, then Ambo Gato, and so on, Ambo Gato singing the last line: "Here is my daughter, I hate to give her." The one chosen to be given to the messenger from the court leaves the row behind the mother and joins the messenger, singing. When she does, all join hands and dance around her and the messenger, singing:

Let us make merry, matarili rili ron
Now all together, matarili rili ron.

Then the messenger leaves this daughter and comes up to the group again, and he and Ambo Gato sing all the lines as before, first the messenger and then Ambo Gato, until another daughter is chosen, then all join hands and dance around in a circle again, singing the two lines they all sang before. This goes on until the last daughter has been given to the messenger, then the game ends.

# La Huerfanita

Pobrecita huerfanita
Sin su padre y sin su madre,
La echaremos a la calle
A llorar su desventura.

Cuando yo tenía a mis padres
Me paseaban en un coche,
Pero ahora que no los tengo
Me pasean en gúangoche.

Cuando yo tenía a mis padres
Me daban chocolate,
Y ahora que no los tengo
Me dan agua de metate.

Cuando yo tenía a mis padres
Me vestían de oro y plata,
Y ahora que no los tengo
Me visten de hoja de lata.

DIRECCIONES: No hay límite al número de niños que puede participar en este juego. La Huerfanita se escoge y se coloca en el centro de un círculo formado por los demás niños. A cada niño se le da el nombre de alguna materia, metal (siempre que valga menos que la plata), palo, lana, algodón, etc. Los niños del círculo cantan el primer verso y al cantarse la tercera línea, la Huerfanita se arroja fuera del círculo. La Huerfanita canta los siguientes tres versos mientras da vuelta corriendo de fuera del círculo.

Al cantar la Huerfanita la última línea de la última estrofa, el niño designado por el nombre que se le ha dado, hojalata, plomo, cedro, etc., trata de 'entrar al círculo primero que la Huerfanita. Si logra hacerlo, toma el lugar de la Huerfanita y el juego sigue adelante.

# The Little Orphan

Poor and homeless little orphan
With no father and no mother;
On the street we all will leave her;
She can cry like any other.

When my parents both were living,
In a coach we went out riding;
But now I have none to love me,
On a gunny-sack I'm riding.

When my parents both were living,
I had chocolate and candy;
But now I have none to love me,
I must take whatever's handy.

When my parents both were living,
I was clothed in gold and spangles,
Now I have no one to love me . . .
I wear scraps and cast-off bangles.

Several play this game. Choose one to be the Little Orphan. This one takes her place in the center of a circle formed by the others. Each bears the name of something like wood, wool, cotton, etc., that isn't valuable. Those forming the circle sing the first verse of the song. As they sing the third line, the Little Orphan breaks through the circle. She sings the second, third, and fourth verses as she trots around the circle. When she sings the last line of the last verse the one who is wood (or whatever is named) must enter the circle before the Little Orphan. If she does, she is the Little Orphan in the next game.

# La Viudita de Santa Isabel

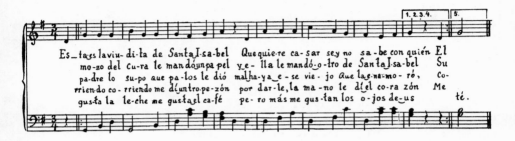

Ésta es la viudita
De Santa Isabel
Que quiere casarse
Y no sabe con quién.

Corriendo corriendo
Me dí un tropezón
Por darle la mano
Le dí el corazón.

El mozo del cura
Le mandó un papel
Y ella le mandó otro
De Santa Isabel.

Me gusta la leche
Me gusta el café
Pero más me gustan
Los ojos de usted.

DIRECCIONES: Un buen número de niños puede jugar este juego. A una niña se le da el nombre de la Viudita, y a un niño se le da el nombre de el Mozo del Cura. Estos dos se paran frente a frente mientras los demás niños, hechos línea, cantan las primeras estrofas de la canción. Entonces el mozo del Cura se adelanta un paso y canta las últimas dos estrofas. Los demás niños fingen estar corriendo, casi cayéndose, y al mismo tiempo ofreciéndole a la Viudita el corazón. Ellos pretenden beber leche y luego café. Mientras se cantan las últimas dos líneas de la última estrofa se toman de la mano y bailan alrededor de la Viudita y el mozo del Cura.

# The Little Widow of Saint Isabel

This is the poor widow
Of Saint Isabel,
She wishes to marry—
With whom she can't tell.

The priest's servant wrote her,
It pleased her quite well,
She sent him a letter
From Saint Isabel.

Oh, I ran so swiftly
I 'most fell apart,
I held out my hand,
But I gave her my heart.

Oh, I like my coffee
And I like my tea,
But you know I give all
My true love to thee.

Any number can play this game. First choose a girl for the little widow
and a boy for the priest's servant. These two stand opposite each other, while
the others form a line and sing the first verses of the song. The servant
steps forward and sings the last two verses, and while he is singing the others
pretend to be running, nearly falling, and giving their hearts to the little
widow. They pretend to drink coffee and then tea. When the servant
sings the last lines of the last verse they join hands and dance around the
little widow and the priest's servant.

# Hilitos de Oro

Hi - li - tos, hi - li - tos de_o - ro, Que se me vie - nen que - bran - do, ¿Qué
ten - ya, las que tu vie - re, Que na - da le_im - por - tá al rey. Yo ya
la_es - co - jo por bo - ni - ta, Ni tam - po - co por mu - jer. Yo es -

1.2.3. 4.

di - ce_el rey y la rei - na, ¿Qué tan - tas hi - jas ten - drá? Que
me voy muy des - con - ten - to, A dar - le la cuen - ta_al rey. Vuel -
las hi - jas que yo ten - go, A Es - co - ja la más mu - jer. No
co jo_u - na flo - re - ci - ta, A - ca - ba - da de na - -cer

DIRECCIONES: Éste es un juego para las muchachas, pero un muchacho puede tomar la parte del Mensajero del Rey. Hay dos personajes principales, el Mensajero del Rey, y la Madre. Las hijas, o las demás muchachas, se paran en fila detrás de la Madre. El Mensajero del Rey llega saltando en un pie y cantando así:

> Hilitos, hilitos de oro,
> Que se me vienen quebrando,
> ¿Qué dice el Rey y la Reina?
> ¿Qué tantas hijas tendrá?

La Madre responde:

> Que tenga las que tuviere,
> Que nada le importa al Rey.

El Mensajero se retira brincando en un pie y cantando:

> Yo ya me voy muy descontento
> A darle cuenta al Rey.

La Madre:

> Vuelva, vuelva, caballero,
> No sea tan majadero,
> Que de las hijas que yo tengo
> Escoja la más mujer.

El Mensajero:

> No la escojo por bonita
> Ni tampoco por mujer.
> Yo escojo una florecita
> Acabada de nacer.

Luego el Mensajero se acerca a la primera muchacha y dice: "Ésta huele a rosa de Castilla" y sigue con todas dándoles nombres de diferentes perfumes. Llegando a la última dice, "Ésta huele a violeta y ésta me llevo." Se la lleva y vuelve otra vez y se repite la misma acción como al principio, pero siempre él pide y les pone a las hijas los nombres de otras cosas tales como frutas, o así como en la primera visita había pedido una florecita. Al fin llega a la última hija favorita, y dice:

> Y a tí escojo, hija amada,
> Que le seas a la Reina criada.

La Hija favorita se para contra una pared con un leño colocado debajo de un pie. La Madre se le acerca y le pregunta: "¿Tienes arroz"? La Hija responde, "No." La Madre sigue preguntando: "¿Tienes ajo? ¿Tienes pan? ¿Tienes papas? ¿Tienes frijoles?" etc.

A todas estas preguntas la Hija responde, "No." Hasta que la Madre le pregunta: "¿Tienes carne?" donde la Hija responde, "Sí," y la Madre arrebata el leño y sale huyendo con él. Las muchachas salen tras de ella gritando en voz alta y se acaba el juego.

# *Little Threads of Gold*

This game is usually played by girls, although the role of the King's Messenger may be taken by a boy. Two leaders are chosen, the King's Messenger and the Little Mother, called Nana (affectionate term for Mother), whose daughters, the other children, form a row behind her.

The King's Messenger, hopping on one foot and singing, comes up to the group.

> A gossamer thread so golden,
> Oh, what shall we do to break it!
> The King and the Queen will take it
> When choosing your daughters fair.

When he comes to the row of girls, Nana sings:

> The Queen may have all she wishes,
> The King says it does not matter.

And the King's Messenger interrupts and sings:

> But I wish that I might flatter
> His Majesty with this tale.

The King's Messenger starts to hop off on one foot, and Nana sings:

> Good sir, please return, oh, please, sir,
> And do not appear so whining,
> From all of my daughters pining,
> You may choose the fairest one.

King's Messenger:

> Oh, I will not choose for manners
> Nor choose one who does her duty;
> For I would prefer a beauty,
> The one who is young and small.

He goes to the last girl in the row and, pretending to smell her hair, says, "This one smells of wild rose," or "This one of violets," and so on down the line, giving each child the name of a fragrant flower. He returns to the girl at the end of the line and says, "This one I choose," placing her behind him.

44

GISELLA LOEFFLER

The King's Messenger then approaches the Little Mother and they do the same as before, but each time the King's Messenger chooses a "daughter" he asks for something different, such as a bird or animal, giving its color or quality. He finally chooses the last or favorite daughter.

Messenger:

O you will become the Queen's maid,
For that is the way the plan's laid;
Come now, and I'll show the right way;
A welcome you'll have today.

When all the daughters have been taken by the King's Messenger, the favorite daughter stands near a wall with a stick of wood under one partly extended foot. The Little Mother approaches her and asks, "Have you any rice? Have you beans? Have you bread?"

To each question the favorite daughter answers, "No."

But if the Little Mother asks: "Have you meat?" the favorite daughter answers, "Yes"; then the Little Mother snatches the stick of wood and darts away followed by the others screaming at the top of their voices.

And so the game ends.

# Puño Puñete

<table>
<tr><td>¿ Qué tienes ahí?</td><td>¿ Qué tienes ahí?</td></tr>
<tr><td>Un puño puñete</td><td>Una cajita</td></tr>
<tr><td>Tíralo lejos y</td><td>¿ Y dentro la cajita?</td></tr>
<tr><td>Date en la frente.</td><td>Una hormiguita</td></tr>
<tr><td></td><td>¿ Qué hace?</td></tr>
<tr><td></td><td>¿ Mete el dedo y verás</td></tr>
<tr><td></td><td>Que recio pica.</td></tr>
</table>

**DIRECCIONES:** Los niños en este juego se colocan al derredor de una mesa chica o de una tarima. El niño designado de la Hormiguita apuña la mano derecha y la pone sobre la mesa. El niño a su derecha también apuña la mano y la pone sobre la de la Hormiguita, y asi siguen hasta que todos han puesto los puños uno sobre el otro.

Luego el segundo de arriba le dice al de encima, "¿ Qué tienes ahí?"

| | |
|---|---|
| El Primer Puño: | Un puño puñete. |
| El Segundo: | Tíralo lejos y date en la frente. |

El de encima hace como que tira algo y se toca la frente. Y asé sigue el juego de arriba para abajo hasta que llegan a los últimos dos puños del montón.

| | |
|---|---|
| El último niño: | ¿ Qué tienes ahí? |
| La Hormiguita: | Tengo una cajita. |
| El último niño: | ¿ Y en la cajita? |
| La Hormiguita: | Traigo una hormiguita. |
| El último niño: | ¿ Qué hace? |
| La Hormiguita: | Mete el dedo y verás que recio pica. |

Luego la Hormiguita cruza los dedos, hechos corralito de tal modo que el atrevido que meta el dedo allí recibe un fuerte pellizco dado con el dedo pulgar escondido.

46

# The Ant in the Box

What have you there?
I have a little box
And in your little box?
I have a little ant.
What does she do?
Put your finger in and see
How hard she bites you!

Several can play this game around a small table or box. Choose a leader, who is called the Little Ant. The Little Ant places his right fist on the table. The first player to the right places his right fist on top of the Little Ant's fist, and so on until all taking part in the game have piled their right fists, one on top of the other, on the table. The one whose fist is second from the top says to the one whose fist is on top, "What have you there?" The owner of the top fist answers, "A clenched fist." Then the first one says,

> "Throw it away
> And touch your wrist."

The owner of the top fist pretends to throw his hand away and then touches his left wrist. And so on until they come to the last two fists in the pile. The player whose fist is on top of the Little Ant's says,

|  |  |
|---|---|
|  | What have you there? |
| The Little Ant: | I have a little box. |
| The Player: | And in your little box? |
| The Little Ant: | I have a little ant. |
| The Player: | What does she do? |
| The Little Ant: | Put your finger in and see how hard she bites you! |

The one playing the part of the Little Ant places his index and middle fingers of both hands crossways and pinches the finger of the one who places a finger in the Little Box. Then he becomes the Little Ant and the game goes on as before.

# Doña Ana No Está Aquí

DIRECCIONES: Todos, menos uno, de los niños que participan en este juego, se forman en círculo y cantan las primeras dos estrofas de la canción. La niña designada Doña Ana se sienta en el centro hace señas de conformidad con las acciones mencionadas en las estrofas una y dos. Doña Ana canta la tercera estrofa mientras los niños dan vuelta en torno de ella. Luego los niños cantan la última estrofa, y acabándola de cantar, el juego sigue con el siguiente diálogo:

Los Niños: ¿Cómo está Doña Ana?      Doña Ana: Está muriéndose.
Doña Ana: Tiene calentura.      Los Niños: ¿Cómo está Doña Ana?
Los Niños: ¿Cómo está Doña Ana?      Doña Ana: Está muerta.

49

Al contestar Doña Ana que está muerta se tiende en el suelo y los niños le rodean a ver si es cierto que está muerta. Entonces Doña Ana revive y brinca en pos de los niños, y ellos salen huyendo. El niño o niña a quien ella logre coger será Doña Ana en la siguiente repetición del juego.

Doña Ana no está aquí,
Está en su vergel
Abriendo la rosa,
Y cerrando el clavel.

Vámos a dar la vuelta
Al toro toronjil,
A ver a Doña Ana
Comiendo perejil.

¿Quién es esta gente
Que pasa por aquí,
Que ni de día ni de noche
Me dejan dormir?

Somos los estudiantes
Que venimos a estudiar
A la capillita
De la virgen del Pilar.

# Lady Anna

Where is the Lady Anna,
Within her garden wall?
A rosebud she is op'ning,
And closing pinks so small.

Come let us go a-strolling,
Just to see what we can see,—
I think the Lady Anna
Eats parsley by that tree.

Who can these people be
Who pass my house like sheep?
All day and night they wander
And never let me sleep.

We are the famous students
Who have come to study here;
We come to see the chapel
Of the Virgin Mary dear.

Many can play this game. First choose someone to be Lady Anna, who sits in the center of the circle. While those in the circle sing the first two verses, Lady Anna pretends to open a rosebud, close a pink, and eat parsley. Lady Anna sings the third verse as the others walk around and around her. The others sing the fourth verse. When the singing is over, the group asks questions and Lady Anna answers them.

|             |                    |
| ----------- | ------------------ |
| The Group:  | How is Lady Anna?  |
| Lady Anna:  | She has a fever.   |
| The Group:  | How is Lady Anna?  |
| Lady Anna:  | She is dying.      |
| The Group:  | How is Lady Anna?  |
| Lady Anna:  | She is dead.       |

With these words Lady Anna stretches out on the floor and the others gather around to see if she is really dead. Lady Anna comes to life. She jumps up and runs after the others, trying to catch one. The one she catches becomes Lady Anna during the next game.

# TERCERA PARTE

Para Niños de Once Años o Más.

# PART THREE

For those of eleven years and over

# El Chueco

DIRECCIONES: Este juego es semejante al juego inglés llamado *"Ice Hockey"* que los muchachos de habla inglésa llaman *"Shinny."*

La diferencia entre chueco o *"Shinny"* y *"Ice Hockey"* es que el *"Ice Hockey"* se juega sobre el hielo y los jugadores usan patines. El chueco es un intersante juego en el que suelen competir los hombres de dos aldeas vecinas, y en la misma aldea los solteros y los casados, los gordos y los flacos —y siempre es juego favorito entre los muchachos.

Un campo amplio es necesario en este juego. Se fijan postes en las extremidades del campo. Dos partidos de doce o más, si los hay, pueden jugar este juego. La pelota se coloca en el centro del campo y dos jugadores escogidos de cada equipo, tratan de meter la pelota hacia su respectiva meta. Una vez que empieza el juego, cada quien hace por llevar la bola hacia su respectiva meta.

En el juego de chueco se le permitido al jugador coger la pelota y tirarla al aire, dándole con el chueco, como se hace en *"Baseball,"* esto es si le permiten los contrarios, quienes generalmente persiguen la pelota tan de prisa que no hay ocasión de hacerlo.

El equipo que logra darle a la pelota hasta llevarla a su meta, más veces en el tiempo designado, sale victorioso en el juego. Este juego puede durar varias horas o todo un día, según se haya determinado de antemano.

Los chuecos o los palos con los cuales se golpea la pelota son semejantes a los *"hockey sticks"* usados en *"Ice Hockey."* Estos se hacen de brazos verdes de encina o de ciruelo, escogidos por su tamaño. Para darles la forma requerida, el palo se pone a la lumbre o fuego y calentándolo bien, se puede doblar en la forma deseada.

La pelota se hace de dos pedazos redondos de cuero cosidos con correa y bien rellenos de lana.

54

# New Mexico Hockey

This game is the same as "shinny." It is a favorite in the villages of New Mexico and is often played by rival villages or different groups in the same village. It is also played by men, women, and children in the Indian pueblos. The Indians say it is an old Indian game.

Great care is taken in making the hockey sticks and balls. The sticks should be of green oak, nearly an inch thick and about three feet long. The best way to shape the end of the stick is by heating it over an open fire and gradually bending it to the curve you want. The ball is made of two pieces of cowhide, stitched like an indoor baseball and stuffed with cotton until very hard.

A large field is chosen for the game, with goal posts at both ends. Two teams of several players face each other in the center of the field. A signal is given and the two "drivers" strike at the ball' that the referee throws between them. Every player tries to drive the ball toward his own goal.

In New Mexico hockey, a player is permitted to pick up the ball and bat it, as in baseball, if he has the chance.

The score is counted by the number of times the ball is driven over the goal line. The game lasts as long as everyone wants to play, usually several hours.

# Pipis y Gallos

DIRECCIONES: En este juego dos muchachos pretenden ser gallos de pelea, doblan los brazos como si fuesen alas y empiezan a contornearse y desafiarse como si fuesen dos gallos embravecidos. Deben ser encerrados en un círculo de unos diez o doce pies de diámetro delineado en el suelo.

Se atercan, poco a poco, uno al otro y se dan golpes con los codos y con la cabeza, en todo imitando a dos gallos que están peleando, siempre teniendo cuidado de tener los brazos cruzados y no usar las manos.

Cuando uno de ellos cae al suelo o se ha salido del círculo, el que ha conquistado rodea al vencido aleteando y cantando como gallo triunfante.

# Fighting Cocks

This is an outdoor game for boys and is usually played on a cold day to make them warm. Two boys with arms folded against their chests in imitation of wings pretend to be fighting cocks, strutting about inside a circle drawn on the ground some ten to twelve feet across. Coming closer and closer to each other as they strut and crow in imitation of a rooster, they thrust elbows at each other, and each tries to trip the other with his feet. They must keep their arms folded and must not use their hands. When one of the boys is tripped or cries "enough," the other is declared the winner and struts about the circle crowing triumphantly. For more than two boys the game can be played in teams, the winners of each team pairing off together, until the end is reached.

# Las Iglesias

DIRECCIONES: Éste es un juego muy popular en Nuevo Méjico. Aldeas cercanas como así dos distintos grupos de una misma aldea suelen jugar este juego.

Dos grupos o partidos son escogidos y por medio de una suerte se resuelve a cual de ellos le toca darle a la pelota primero y así ser lo que se llama los de "adentro." La Iglesia mayor es un espacio bien definido y situado en una extremidad del campo de juego. La Iglesia chica o lo que corresponde a *first base* en *Baseball* debe ser marcada a unas veinte yardas enfrente de la Iglesia mayor. La pelota usada en el juego debe ser blanda y se puede ser de cuero rellenado con lana o trapo.

El juego es semejante a *Baseball* en que la pelota es lanzada a uno de los de adentro y éste hace por darle con un garrote o lo que en baseball se llama el "bat." Si el jugador logra darle de una vez hace por correr a la Iglesia chica. Pero si el cree no poder llegar allí sin correr riesgo de ser tocado por la pelota, sea como sea, él se puede quedar adentro y el siguiente jugador luego hace por darle a la pelota. Así puede haber varios jugadores esperando hasta que uno de su partido logre darle a la pelota y arrojarla lo suficiente lejos para que pueden llegar hasta la Iglesia chica y si es posible volver otra vez a la Iglesia mayor.

El grupo de adentro siempre debe estar dentro de los linderos de las Iglesias porque si uno de ellos se sale y es tocado por la pelota su partido tiene que cambiar lugares con el otro partido. Si algún jugador ha sido "quemado," es decir tocado por la pelota, él en cambio puede "quemar" a uno de los otros antes de que el haya entrado a una de las Iglesias. De esta manera las posiciones de ambos partidos pueden cambiarse seis o siete veces de unos minutos de juego prestándole al juego incertidumbre y estímulo.

Los partidos cambian lugar cuando la pelota es cogida en el aire antes de que haya tocado el suelo. El jugador que ha logrado hacerlo no debe soltarla hasta no ver a sus compañeros salvos en cualquiera de las dos Iglesias. Cuando ha sucedido un cambio repentino en las posiciones de los dos partidos los jugadores que han buscado asilo en la Iglesia chica tienen que quedarse allí hasta que uno de los de su partido le ha dado a la pelota y así les ha conseguido la oportunidad de irse para la Iglesia mayor. En caso de que todos los de adentro hayan tomado su turno con el *bat* y no quede ninguno de ellos eligible para darle a la pelota, el grupo entero se considerará como "encerrado" y por lo tanto tienen que salir afuera.

Por lo general no se lleva cuenta del número de corridas que logra completar un partido o el otro sino que el objeto del juego es quedar "adentro" tanto como sea posible.

# The Churches

This is a favorite game in New Mexico. Since any number can play it, all the men of one village sometimes play against all the men of another village, or one group of boys will play another. A large soft ball is used, either a large indoor baseball or a homemade ball of soft leather stuffed with rags or wool. Any large field will do. A space either square or round is marked off at one end of the field; this is called the Big Church, and inside this enclosure every member of the team at bat must stand. About twenty yards along one side of the field is another enclosure called the Little Church, which corresponds to first base in baseball. The team at bat is the "inside team." Batting is in rotation. The batter gets only one strike. He may decline to strike at the ball until he gets a good pitch or he may hit it. If he hits it and the ball is caught in the air, his side is out and the other team becomes the "inside team" and moves into the Big Church. If the ball he bats is not caught, he tries to reach the Little Church before he is either tagged with the ball or hit with it. If he is either tagged or hit, which is called being "burned," he may recover the ball and in turn may "burn" an opponent who has not reached the sanctuary of either church. In this way the positions of the two teams may be reversed many times in a minute, causing much fun and excitement. Players may run from one church to the other on a passed ball or trust to their skill at dodging to risk a run at any time. When a player has successfully completed the run from the Big Church to the Little Church and back, he may bat again. If all the players belonging to the batting team have had their turn at bat and some of them are waiting at the Little Church to be brought in, there being no one at bat to bring them in, the "inside" team is out.

As a rule no score is kept, the object of the game being to stay "in" as long as possible.

59

# La Cazoleja

DIRECCIONES: Un círculo de diez pies de diámetro se dibuja en el suelo y se usa en este juego de trompos. Cada jugador debe traer dos trompos: uno debe ser perfecto y de cierto tamaño y será el usado por el jugador; el otro puede ser de cualquier clase y es depositado en el centro del círculo. Todos los trompos que se van a usar deben ser de casi del mismo tamaño, hechos de algún palo duro y agudos de punta. Los trompos tirados en el centro del círculo y los cuales son premios para el afortunado jugador llevan el nombre "Chicharras." Éstos no deben de amontonarse sino ponerse algo retirados de unos de otros. Los jugadores se colocan fuera del círculo teniendo cuidado de no meter pie adentro. Comienzan a bailar sus trompos lanzándolos al centro del círculo y haciendo por darle a uno de los trompos que allí están. El propósito del juego es de echar fuera uno de estos trompos. Si el jugador tiene éxito en hacerlo, el trompo que él ha echado afuera queda en su posesión. Más si el trompo que él ha lanzado se queda adentro del círculo, el siguiente jugador tiene el derecho de echarlo afuera y así ganarse uno de los trompos que están de premio. Cuando todos los trompos han sido escogidos o echados a fuera, el juego termina.

Siendo que el juego depende de que el jugador sea diestro y activo, en muchos casos uno o dos jugadores se quedan con todos los trompos.

# *The Sauce Pan*

One ring, called a *cazoleja* (cah-so-lay'-ha), which means sauce pan, about 10 feet across, is drawn on the ground. Each player places a top in the circle. Each player in turn then spins his top, trying to hit one of those in the ring and drive it outside the circle. The player attempting to drive out a "dead" top must toe the line before spinning his top. Any top driven out by a player becomes his property.

# Sesta Mallesta

Sesta Mallesta,
Martín de la cuesta,
Dice tu tata
Que azotes la cuesta
Con un mecapal
Que está en el corral
Chorro, morro,
Por ésta me corro!

DIRECCIONES: Dos personas juegan este juego sentados frente a frente. Uno de ellos esconde un botón o una bolita o cualquier otra prenda. Hace esto mientras tiene las manos tras de sí y luego le extiende las manos cerradas a su compañero.

Éste, recitando el verso de "Sesta Mallesta," toca primero un puño y luego el otro hasta el llegar a la palabra "corro," si el puño indicado encierra, el botón será entregado al que adivine. Pero si no hay nada, entonces el adivinador debe pagarle un botón a su compañero y vuelve otra vez a adivinar.

62

# *Button Game*

Rule, ink, and quill,
Martin of the hill,
Your dad once said
Whip hill 'till dead
With old horse strap,
Rap, rap, rap, rap,
Are you to lose?
This one I choose!

This guessing game is usually played by two boys, sitting opposite. The one hiding the button first puts his hands behind his back, and as soon as the button is well hidden in one hand, offers his closed hands. The other player recites the verse, alternately touching the two fists with his right hand.

As the last word, "choose" is said, the hand touched is opened. If the button is in it, it is turned over to the guesser, whose turn it is to hide the button; but if the button happens to be in the other hand, the guesser pays a similar button, or one of equal value, to the player hiding the button, and he must guess a second time.

# Meca Ceca

DIRECCIONES: Cuando se junta un grupo grande de personas en alguna casa, suelen jugar este juego. Uno de ellos recita el siguiente verso y después nadie tiene de hablar o reirse.

> Tín, tín, tín,
> Se cierran las puertas
> De Don Juan Martín
> El que hable o se ría
> Se come un perro muerto.

Después de recitar el verso, el guía hace observaciones jocosas o ridículas con intento de provocar a los demás a que se rían o hablen.

No faltará entre ellos aquel que no pueda aguantar la risa y por lo tanto, éste al reirse pierde y tiene que pagar una multa. Después de pagar la multa, él en cambio será el guía del juego.

El primero que hable o se ría se supone comerse el perro muerto o cualquier cosa asquerosa que haya mencionado el guía o el jefe del juego.

64

# *Here and There*

A large group plays this game. One person chosen as the leader recites the verses. After he finishes no one must laugh or speak. The first one to laugh or speak must do whatever ridiculous penalty the leader requires.

The Leader:

> Tin, tin, tin, tin,
> Closed are the doors
> Of John Martin.
> Whoever speaks,
> Or laughs, or cries,
> Must pay a price
> Before my eyes.

If no one has laughed after the verse has been recited, the leader says amusing things and does everything he can to make the players laugh. Before long one of the players giggles and then one is sure to laugh out loud. The moment he does, he is given a penalty, but after carrying it out he becomes the leader, and the game is repeated.

# Pitarrilla

DIRECCIONES: Este juego se puede jugar usando cualquiera de los dibujos de arriba. Usando el que está marcado I, cada jugador ha de tener doce marcadores o fichas. Éstos pueden ser frijoles, piedritas, bolitas o cualquier objeto pequeño, deben ser de dos distintos colores o un jugador puede usar objetos diferentes a los del otro.

Se tira suerte para ver cual de los jugadores es el que ha de comenzor el juego. El que comienza ha de colocar una de sus fichas, las cuales cada quien trae en la mano, en cualquiera de los puntos de intersección marcados en el dibujo de esta manera, A, B, C, D, E, F, G, H, I, etc. Siendo que uno de los modos de ganarse el juego es que uno de los jugadores logre colocar tres de sus fichas en los tres puntos de intersección marcados en cada línea, por ejemplo: A, B, C; A, J, V; o B, E, H; (se ponen las fichas en turno, una por una), el siguiente jugador debe poner su ficha de tal manera que su contrario no logre hacer esto. Por ejemplo, si el primer jugador coloca su ficha en el punto marcado A, el siguiente jugador debe colocar el suyo en uno de los puntos marcados; G, V, o C, jamás en los puntos B, D, o J, porque semejante al juego de damas (checkers) esa ficha se puede matar y echarse en el cuadro marcado "Z" donde permanecerá durante el resto del juego sin poderse usar más. Cada jugador sigue colocando sus fichas, uno por uno en turno, siempre haciendo por que su contrario no logre colocar sus fichas en línea directa y al mismo tiempo mudando sus propias fichas con intención de matarle a su contrario el mayor número posible de fichas. El primer jugador que logre matarle todas las fichas a su contrario, encerrándolas en "Z," hace Pitarrilla, es decir, gana el juego. También el primero que logre colocar sus tres fichas en los tres puntos de intersección de cualquier línea hace "Pitarrilla" y gana el juego.

Usando el dibujo marcado II, cada jugador usa solamente tres fichas o marcadores. Así, como en el otro juego, cada jugador coloca una ficha a la vez y en turno, primero en uno y luego en el otro de los puntos marcados A, B, C, D, E, F, G, H, I. En este juego no se matan las fichas, el fin de cada jugador es de mudar sus fichas de tal manera hasta que queden en los tres puntos de intersección en cualquiera de las líneas, por ejemplo, A, B, C; A, D, G; B, E, H; A, E, I; D, E, F; G, E, C; o G, H, I. El primer jugador que logre hacerlo hace "Pitarrilla" y gana el juego.

66

# New Mexico Checkers

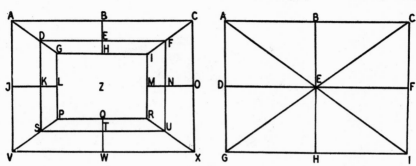

New Mexican checkers may be played on either of the diagrams shown above. It is convenient to have a game board with a plan drawn on either side; however, the outline can be marked with chalk on a table top, or, if an outdoor game, as sometimes played, drawn on the ground with a sharp stick.

The game, as played on Board I takes twelve counters. If counters such as are used in checkers are not available, beans, flat pebbles or similar small objects make good substitutes. The counters must be of two different colors or types so they can be distinguished.

A coin is flipped to see which player starts the game. The first player places one of his counters on any one of the points of intersection marked on the board. The other counters are either held in the hand or placed in front of the player. The object of the game is to keep an opponent from placing three counters in a direct line and also to maneuver one's counters so as to jump as many opposing pieces as possible.

Since one way of winning the game is for a player to place three counters on any one line—a, b, c or a, j, v, etc., the second player should place his counter so as to block his opponent's play. For example, if the first player places his counter on a, the second player should place his counter on c, g or v, never on points b, d or j, because, as in checkers, he thus allows his piece to be jumped. In New Mexican checkers the "jumped" counter is withdrawn and placed in the space in the center of the board marked Z.

In the game as played on Board II each player uses but three counters. There is no jumping of counters. Each player tries to place his counters on three intersecting points on any one line. The first one doing so wins.

67

# La Cruzita

Cruzita es un juego de dos personas empleando fósforos. Cada jugador coloca un fósforo en el suelo o mesa separados uno del otro unas dos o tres pulgadas. El primer jugador hace rodar su fosforo con el dedo del corazón hasta dejarlo encima del fósforo de su contrario. Si tiene éxito en hacerlo se gana el fósforo, obligándole a su contrario a echar otro fósforo si quiere seguir el juego.

Si fracasa en hacer que su fósforo quede encima del otro, su contrario hace el esfuerzo a su turno. El juego continua así, mientras haya fósforos o el gusto de los jugadores lo determine.

68

Cruzita (little cross) is played with matches by two persons. Each player places one match on the ground, two or three inches apart. The first player then pushes his match with his middle finger and tries to make it roll over and stay on top of the other match. If he succeeds, he wins that match, making the other player put in another match if he wishes to continue the game. If he fails to make his match stay on top, then the other player tries. The game continues so long as the matches last or the players wish to play.

# Pares O Nones

En este juego uno de los participantes esconde en el puño un sinnúmero de bolitas, centavos, piñones, dulces o cualquier otro objeto de valor que desease arriesgar. Mientras extiende el puño debe preguntar, "Pares o Nones?" Su contrario, a quien se le hace la pregunta, responde, adivinando si el número de objetos es pares o nones. Luego el primer jugador abre la mano y los objetos se cuentan. Sí el segundo jugador ha atinado él se queda con todos los objetos. Pero si no atina, él tiene que pagarle al primero el número igual de objetos que traía aquél en el puño. El juego sigue así, cada jugador escondiendo objetos en el puño a su turno hasta que haya perdido o ganado todo lo que desea arriesgar y se sale del juego. El juego puede seguir hasta que un solo jugador haya juntado todos los premios o fichas.

# Even or Odd

In this game one of the players hides in his closed fist a number of pennies, marbles, nuts, candies or any other objects of value to him that he wishes to risk losing. As he holds out his fist, he asks, "Odd or even?" The player he questions makes a guess, saying that the number is even or odd. The first one then opens his fist, and the objects are counted. If the guess is correct, the lucky guesser gets them all. If he does not guess correctly, he must pay an equal number to the first one. The game continues, each player taking turns in hiding objects in his clenched fist, until someone loses all he wishes to risk, and he drops out. The others continue until they drop out for the same reason.

# El Cazador

Este es un juego al aire libre para un número grande. El Cazador es el jefe. El divide los jugadores en dos grupos, el primero representando piezas de su rifle y accesorios, el segundo grupo representando distintos animales silvestres.

A distintos miembros del primer grupo les designa con el nombre de Coz, Gatillo, Percusor, Mira, Cañón, etc., y en seguida Pólvora, Fulminante, Frasco para pólvora, Atacador, Balas, etc. (Este juego se inventó muchos años antes que el rifle moderno fuese inventado.) Los jugadores más ligeros se designan como Balas y debe haber muchos de estos.

Los de otro grupo se designan como Venado, Cíbolo, Coyote, Lobo, Pantera, etc. hasta el incluirse todos ellos. Entonces los animales se dispersan y se esconden dentro de un área con limites definidos de antemano.

Luego el Cazador dice: "He de conseguir carne para el invierno. Desarmaré mi rifle y lo engrasaré. Ahora a ver si tengo todas las partes para volver a armarlo." Pide a voz alta, "Coz Cañón, Gatillo, y así, y los que el va llamando se hacen fila tras de el. Luego el carga su rifle llamando a los que se les ha puesto los nombres, Pólvora, Fulminantes, etc., estos también se hacen fila tras de él."

Luego que se divisa el primer animal la caza comienza. El Cazador simula disparar su rifle y una de las balas se lanza en pos del animal. El juego sigue de este modo hasta que todos los animales hayan sido perseguidos por las balas.

El Cazador y su rifle regresan hacia el campo. Si las Balas han tenido éxito en coger todos los animales, el Cazador continua los grupos como antes, solo dándoles diferentes nombres a los del primer grupo, Coz se cambia a Bala, Gatillo a Atacador y en fin. A los animales también se les cambian los nombres y sigue la caza. Empero, si las balas han vuelto sin haber cogido animal alguno o, si algunos de los animales han evadido las Balas, los dos grupos cambian, los que formaban el rifle serán los animales y vice versa, se escoge otro Cazador y el juego sigue adelante.

# *The Hunter*

This is an outdoor game for a large number. The Hunter is the leader. He divides the players into two groups, the first representing parts of his rifle and accessories and the second representing wild animals.

To different ones in the first group he gives the names of Stock, Trigger, Hammer, Sight, Firing Pin, etc., and continues with Powder, Percussion Caps, Powder Horn, Ram Rod, Bullets, and so on. (This game was devised many years before the modern rifle was invented.) The fastest runners are given the name of Bullet, and there are several of these.

Those in the other group are named Deer, Buffalo, Coyote, Wolf, Mountain Lion, etc., until all are named. Then the animals scatter out over an area within certain named boundaries, and hide.

The Hunter then says: "I must get some meat for this winter. I will take my rifle apart and oil it. Now let me see if I have all the parts so I can put it together." He calls out "Stock," "Barrel," "Trigger," and so on, and the ones whose names are called form in a line behind him. He then loads his rifle, calling "Powder Horn," "Powder," "Caps," and so on, and those also line up behind him.

As soon as an animal is sighted, the hunt begins. The Hunter fires his imaginary rifle, and the first bullet runs after that animal. This continues until all of the animals have been chased by the bullets. The Hunter and his rifle then return to camp or "Base." If the bullets have been successful in catching all the animals, the hunter keeps the groups the same but gives different names to those in the first group, the first Stock becoming a Bullet, Trigger becoming Ram Rod, and so on. The animals are also renamed, and the hunt is repeated. However, if the bullets return empty handed or if all the animals have not been caught, the two groups change sides, a different Hunter is chosen, and the game continues.

# El Hueso

Este juego se juega con piedras chicas y planas llamadas tejas, un hueso vertebral de vaca o de caballo y las fichas son cualquier objeto plano. Pueden participar dos o más jugadores. Cada jugador coloca una ficha (en veces más) encima del hueso el cual está parado. Una raya se traza unas treinta y cinco o cuarenta pies del hueso. Para principiar el juego, cada jugador lanza una de sus piedras hacia esta raya. El que queda más cerca de ella se le concede la primer tirada de la línea hacia el hueso, los demás tirando a su vez segun cayeron de cerca a la raya.

El primer jugador lanza sus piedras, una por una, hacia el hueso. Sí logra darle al hueso, las fichas deben caerse, algunas rodando retiradas del hueso.

Luego los jugadores se apresuran a ver cómo han caído las fichas. Las fichas más cercanas de la piedra que del hueso pertenecen al dueño de la piedra, las demás son de aquel que tiene el hueso.

El primer jugador hace por retirar el hueso de las fichas en su segunda tirada y así lograr que las fichas queden cerca de sus piedras. Pero, si las fichas todavía quedan mas cerca del hueso, el siguiente jugador toma su turno, siempre haciendo por que sus piedras queden más cerca de las fichas que del hueso y aún más cerca que las piedras de los demás jugadores.

El juego sigue de esta manera hasta que uno de los jugadores se haya quedado con todas las fichas.

74

# *The Bone*

Hueso (bone) is played with small, flat stones called *tejas* (tiles), a verte-bral bone of a dead cow or horse, and flat objects as counters. It is played by two or more. Each player places a counter (sometimes several) on the flat upper end of the upright bone. A line is drawn about thirty-five or forty feet from the bone. To start the game, each player tosses one of his stones at this mark. The one coming closest to the mark has the first throw from the mark to the bone, then the next closest, the others following in turn. The first player throws his stones, one at a time, at the bone. If he hits the bone, the counters are knocked off, sometimes rolling a consider-able distance away from it. Then the players rush over to see how the counters lie. Those that lie closer to the stone than to the bone belong to the owner of the stone; the others, to the one who has the bone. The first player, with his second stone, tries to knock away the bone so as to leave the coins closer to his stones. If the coins still remain closer to the bone, the next player takes his turn, trying always to "plant" his stones closer to the counters than the bone or the other player's stones. The game goes on until one player has all the counters.

75

# El Monigote

Éste es un juego práctico para muchachos mayores. Un monigote es una figura grotesca. Aunque un tizón no es grotesco ni fántiastico, así se le llama en este juego el cual debe jugarse solamente por aquellos muchachos que hayan llegado a edad prudente. Se debe jugar donde no hay riesgo de prender fuego a alguien. Usualmente un palo delgado de ocote se enciende y éste es el monigote.

Los jugadores forman un círculo, y el que lleva el monigote se los ofrece a los del círculo diciendo así: "¿Quién me compra este monigote?" Los del círculo: "¿Cuanto vale su monigote?" El guía responde, mencionando algún objeto imaginario que a él se le antoje, algo para comer o vestir. El que intenta coger al monigote pretende pagarle al guía, y haciendo esto, le pregunta.

"¿Y si el monigote muere?" El guía, que ha tenido al monigote llama abajo, para que arda más fuerte, vuelve el monigote llama arriba y colocándolo en manos del comprador le dice, "El que lo tiene lo paga." Esta acción se repite muchas veces hasta que el monigote se apaga en las manos de uno de los jugadores. Éste jugador tiene que pagar una multa, haciendo algo ridículo o risible, imitando a algún animal, es decir, ladrar como perro, llorar como niño, etc.

76

# The Monigote

This game is played by several older boys. A *monigote* is a grotesque figure. Although a burning stick is not really grotesque or fanciful, still that is what it is called in this game, which is played only by those old enough to be careful. It is played where nothing will catch on fire. Usually a resinous stick of thin pine wood is lighted, and this becomes the monigote.

A circle is formed, and the one who holds the monigote offers it to those in the circle, saying: "Who wants to buy this monigote?"

Those in the circle say: "How much is your monigote?"

The leader answers, naming some imaginary object that he would like to have, something to eat or wear. The one who intends taking the monigote pretends to pay the leader. As he does so, he says to the leader, "And if the monigote dies . . . ?" The leader, who has been holding the monigote head down so it will burn quickly, turns it upright and places it in the buyer's hand as he says, "Who holds it, pays." This is repeated many times until finally the monigote burns out or goes out while in one of the players' hands, and that player pays a forfeit imposed by the leader, doing something amusing or silly or imitating animal or bird sounds.

77

# Los Hoyitos

En este juego se cavan dos hoyitos del tamaño de un dólar y uno o dos pulgadas de hondo; estos deben quedar en un plan a quince o veinte pies distantes el uno del otro.

Piedras sirven de fichas en este juego. Dos jugadores, o dos parejas, pueden competir.

Parados cerca de uno de los hoyitos, cada uno de los jugadores alternadamente lanza cuatro piedras una por una hacia al otro hoyito.

Cada piedra que cae adentro cuenta cinco rayas y cada una que cae más cerca del hoyito que las de su contrario, cuenta una raya. En seguida las piedras se lanzan del segundo hoyito al primero. El juego consiste en hacer veintiuna rayas.

Cuando el juego es de parejas uno de cada pareja permance en cada hoyito, pero mudan puestos al comenzar de nuevo el juego.

# The Little Holes

Two small holes (*hoyitos*) about the size of a dollar and one or two inches deep are dug fifteen or twenty feet apart on a level stretch of ground. Stones are used as counters. Two players, or two pairs of players, take part. Standing by one of the holes, each of the two players, alternately, pitches four counters at the opposite hole, one stone at a time. Every counter entering the hole counts five points, those lying closer to that hole than to the opponent's count one point each. The players then reverse the throwing of the pieces, from the second hole to the first. The game is played for a total of twenty-one points. When partners play, each pair of opposing players remains by the same hole, instead of going from one to the other, but they change places at the beginning of a new game.

# El Palito

El Palito se puede jugar por dos o más personas. Se balancea una tablita angosta de unas cinco o seis pulgadas, en forma de cruz, sobre un palito redondo puesto en el suelo. En una orilla de la tablita se colocan un sinnúmero de piezas planas u objetos; cada jugador contribuyendo el mismo número. Las piezas deben ser marcadas con cara y cruz a semejanza de moneda. Para principiar el juego, cada jugador lanza un pieza hacia una raya trazada en el suelo a distancia de unos diez pies. El que lanza su pieza más cerca de esta raya juega primero. Llamando "Cara" o "Cruz," le da un golpe con la mano a la tablita echando las piezas al aire. Si él escogió "Cara" se queda con todas las piezas que han caído cara arriba, y los demas los vuelve a colocar sobre la tablita. Los demás jugadores hacen lo mismo por turnos hasta que todas las piezas hayan sido ganadas.

# *The Little Stick*

Palito (small stick) is played by two or more who balance a narrow, flat stick about six or seven inches long crosswise over a round stick, which is on the ground. On one end of the flat stick any number of small flat objects are placed, an equal number by each player. The pieces are marked on each side to represent heads and tails. To start the game, each player tosses a piece at a mark on the ground several feet away, and the one coming closest with his piece plays first. Calling "Heads" or "Tails," he strikes with his hand the end of the stick opposite the pieces, flipping them backward. If he chose "heads," he keeps all those that are "heads up," and places the rest of them on the end of the stick. The other players then take their turns until all the pieces are won.

81

# Cañute

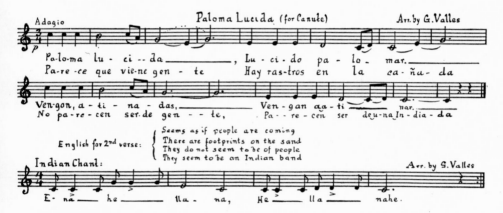

Adagio

**Paloma Lucida** (for Cañute)

Arr. by G. Valles

Pa-lo-ma lu-ci-da_____, Lu-ci-do pa-lo-mar._____
Pa-re-ce que vie-ne gen-te Hay ras-tros en la ca-ña-da

Ven-gon, a-ti-na-das,_____ Ven-gan aa-ti_____ mar._____
No pa-re-cen ser de gen-te, Pa-re-cen ser deu-na In-dia-da

English for 2nd verse:
{ Seems as if people are coming
There are footprints on the sand
They do not seem to be of people
They seem to be an Indian band

Indian Chant:

Arr. by G. Valles

E-ña____ he____ lla-na, He____ lla____ nahe.

DIRECCIONES: El juego de Cañute es juego viejo y uno de los juegos más populares en las aldeas de la parte norte de Nuevo Méjico. Es juego de dentro de la casa y por lo tanto acostumbra jugarse durante las largas tardes de invierno. Los aficionados al juego sabiendo que hay juego de Cañute en alguna casa, dejan sus quehaceres por ir a ver y apostar.

Este juego se acostumbra jugar en un cuarto bastante grande: Dos pilas de arena se hace dos rincones del cuarto diagonal. Un sarape se cuelga o se tiende de tal modo que esconda uno de los rincones durante cierta parte del juego.

Dos capitanes o guías escogen a los miembros de sus partidos, los cuales se componen de cuatro jugadores.

El juego se juega con cuatro cañutes y un palito redondo, semejante a un lápiz, que pueda caber en los cañutes. Cada cañute es de ocho pulgadas de largo y cada uno debe ser marcado de manera que se pueda distinguir uno de otro. El cañute que vale más en el juego, cuatro puntos o rayas, se conoce como el Mulato y generalmente es amarillo; el Cinchado vale tres; los otros dos se llaman Dos y Uno. El cañute que trae escondido el palito vale doble.

El partido que comienza el juego se esconde detrás del sarape en uno de los rincones donde está la pila de arena y metiendo el palito en uno de los cañutes, esconden los cuatro cañutes en la arena. El sarape se hace a un lado y cantan la siguiente canción:

82

Paloma Lucida
Lucido Palomar,
Vengan atinados,
Vengan a jerrar.

Al cantarse la última palabra de la canción los del partido contrario corren hacia la pila de arena y el primero de ellos que llega allí saca uno de los cañutes de su escondite. Si el cañute escogido trae el palito adentro ellos, tienen el derecho de escoger otro. Apuntándose los puntos que han llegado lograr, este partido se lleva los cañutes a su rincón y los esconden y ahora le toca al primer partido adivinar donde están. El juego sigue adelante de esta manera, cantando y adivinando primero los unos y luego los otros, hasta el amanecer.

# Hollow Reed

The old guessing game of *Cañute,* which means hollow reed or flute, is one of the most popular indoor games for winter in the Spanish villages of northern New Mexico. It is similar to the Navaho moccasin game, in which an object is hidden in one of four moccasins.

Interest in this game is so keen that when a game is in progress everyone who can leave his home will go to watch it.

A large room is chosen for the game. Sand is piled in two diagonal corners and a blanket is hung or held in such a way as to conceal the corners during certain parts of the game.

Two leaders are named and teams of four players each are selected by them. The game is played with four hollow reeds about eight inches long and a slender stick that can be inserted in the reeds. Each reed bears a distinctive mark and has a different value. The yellow one is highest and is called *Mulato* (tawny). It scores four points. The others are marked or painted differently to distinguish them, either with bands of color or solid color. The next is called *Cinchado* (banded) and scores three points. The next in value, scoring two points, is called *Dos* (two), while the smallest is named *Uno* (one) and scores one point. Placing the slender stick inside any of these reeds doubles the score.

The players beginning the game go behind the blanket in their corner. They insert the slender stick into one of the four reeds and bury all four in the sand. The blanket is then pulled aside and players sing:

> Beautiful dove
> From the beautiful dove cote,
> Come ready to win,
> Come ready to lose.

The last word of the song is the signal for the opposing team to rush to the sand pile. The first player to reach it draws a reed. If the reed contains the slender stick, his team is entitled to another draw. This team is given its score and returns to its corner with the four reeds and the slender stick. The same procedure is followed throughout an afternoon or evening as back and forth the players go, singing, guessing, and having lots of fun.

84

# Dichos (Sayings)

Quien adelante no mira, atrás se queda.
He who does not look ahead will be left behind.

Gato llorón no caza ratón.
Great talkers are little doers. Lit., a mewing cat is no mouser.

El que con lobos anda, a aullar se enseña.
He who goes with wolves learns to howl. Meaning: Bad habits are acquired
   from bad company.

Adentro, que están cenando.
Step right in; they are having supper. Meaning: Do not require to be
   coaxed; when a good thing is offered you take it.

Es lo mismo llegar a horas que ser convidado.
It is just as good to arrive on time as to be invited.

Más vale vecino cerca que hermano lejos.
A close neighbor is worth more than a far brother.

Nomás el que carga el saco sabe lo que lleva adentro.
Only the one who carries the sack knows what is inside of it; meaning, that
   no one else but you knows your troubles.

El que anda recio, presto para.
He who goes fast, soon stops. Be temperate and moderate in all things.
86

Caballo matado siempre se pandea.
A horse with a sore back always flinches; meaning, that one who has done
    something wrong is always sensitive at the mention of it, even though
    the remark be not addressed directly to him.

Vale más algo que nada.
Better something than nothing.

Poco a poco se anda lejos.
Little by little you go far.

En la tierra de los ciegos el tuerto es rey.
Among the blind the one-eyed is king.

En boca cerrada no entra mosca.
Into a closed mouth no fly will enter.

Hoy por tí, mañana por mí.
Today for thee, tomorrow for me.

No hay atajo sin trabajo.
There is no short cut without effort.